Eden-Théâtre

EXCELSIOR

BALLET

EN SIX PARTIES ET DOUZE TABLEAUX

DE

LUIGI MANZOTTI

MUSIQUE DE

ROMUALDO MARENCO

Prix : Un Franc

PARIS

IMPRIMERIE

DE LA SOCIÉTÉ ANONYME DE PUBLICATIONS PÉRIODIQUES

13-15 — Quai Voltaire — 13-15

1882

DISTRIBUTION

La Lumière. . . . . { Mlles OPERTI. / SARACCO (Mary).

L'Obscurantisme. . . . . { MM. MONTANARA. / ROSSI.

La Civilisation . . . . { Mlles CORNALBA. / FLINDT. / PALLADINO.

Valentin, batelier . . . . } MM. CAMMARANO. / SARACCO (G.).
Un esclave . . . . }

Papin. . . . . }
Riche seigneur arabe. . . . . . } M. FRANCIOLI.
1er Ingénieur italien. . . . . . }

Volta. . . . . }
Marchand d'esclaves. . . . . . } M. CUCCOLI.
2e Ingénieur italien . . . . . . }

Fritz, batelier. . . . . }
Un Chinois . . . . } M. BALBIANI.
Chef mineur italien . . . . . . }

Georges, tavernier. . . . . . . }
Mexicain . . . . } M. RAZZANI.
Chef mineur italien . . . . . . }

Guillaume, fermier. . . . . . . }
Un seigneur turc . . . . } M. de GASPARI.
Ingénieur français. . . . . . . }

Un batelier . . . . }
Sous-Ingénieur français . . . . } M. STANCICH.
Brigand du désert . . . . }

Un Anglais . . . . M. VIANELLO.

Chef des Eunuques . . . . . . M. MORAZZANO.

Fanny, fiancée de Valentin. . .	Mlles FERRERO.
	LAUS.
Danseuse indienne. . , ...	MONTI.
Laure, sœur de Valentin. . . .	Mlle LITINI-PÉTRINI.
Fille du marchand arabe. . . .	
Cunégonde, femme de Georges.	Mlle CAPRARA.
Mère arabe	
Une jeune Allemande	Mlle GANDINI.

Génies de la Civilisation, — de la Constance, — de l'Invention, — de la Concorde, — de la Renommée, — de la Force, — de la Gloire, — de la Science, — de l'Agriculture, — de l'Industrie, — de la Valeur, — de l'Union. — Bateliers. — Paysans. — Musiciens. — Postillons. — Porteurs du Télégraphe. — Ingénieurs. — Mineurs. — Ouvriers terrassiers. — Européens. — Africains. — Asiatiques. — Américains. — Marins. — Officiers, etc.

------>-*-<------

ARTISTES DU BALLET

Premières Danseuses de rang Français
Mlles CORNALBA, FLINDT, PALLADINO

Premières Danseuses de rang Italien
Mlles DE FERRERO, LAUS, MONTI

Premiers Danseurs
MM. CAMMARANO, SARACCO (Giorgio)

MIMES

Mlles CAPRARA	Mlles OPERTI
GANDINI	SARACCO (Mary)
LITINI PETRINI	
MM. BALBIANI	MM. MONTANARA
CUCCOLI	RAZZANI
FRANCIOLI	ROSSI
DE GASPARI	STANCICH

SUJETS (Distinte)

Mlles		Mlles	
Aghemo.		Pessina Ernestina.	
Comolli Enrichetta.		Piccardi.	
Danielli Norina.		Sebasti.	
Fioretti.		Vergani Emilia.	
Francioli.		Vergani Enrietta.	
Gorone.		Vernazzani.	
Pasio Angiolina.		Villa Angiolina.	

SECONDES DANSEUSES

PREMIÈRE FILE

Mlles		Mlles	
Albertelli.		Mecherini.	
Bertola Luigia.		Pelizzola.	
Bianco.		Pessina Maria.	
Comolli Erminia.		Razzani.	
Danielli Anetta.		Resinelli.	
Delponte Matilde.		Signorini.	
Mainardi Francesca.		Tassalini.	

DEUXIÈME FILE

Mlles		Mlles	
Caglio.		Modenese.	
Cichitelli.		Pasio Emilia.	
Coragliotti.		Rescalli.	
Enrio.		Rivolta.	
Ghetti.		Rusca.	
Mazzoleni Delfina.		Spinaponte.	
Mainardi Rosa.		Villa Eleonora.	
Monforti.			

TROISIÈME FILE

Mlles		Mlles	
Brambilla.		Galassi.	
Belzini.		Ghia.	
Birra.		Lazzaro.	
Bonsignori.		Martinelli.	
De Gaspari.		Paruzzi.	
Della Vedova.		Ramella.	
Elia.		Villa Elvira.	

QUATRIÈME FILE

Mlles Bambi.	Mlles Ondei.
Danielli Sofia.	Riemer.
Delponte Laura.	Selmi Olga.
Feller.	Selmi Dirce.
Galles.	Selmi Anitta.
Linati.	Spinolla.
Mariani.	Zottig.
Mazzoleni Abilia.	

SECONDS DANSEURS

MM. Angiolini.	MM. Guiducci.
Bambi.	Lannes.
Bimbi.	Linati.
Bizzari.	Marzetti
Bonelli.	Meoni.
Cataneo.	Morazzano.
Chiado.	Noce.
Colombo.	Pastorini Angelo.
Danielli.	Pastorini Gerolamo.
Deretti.	Rossetti.
Franchi.	Sartorio.
Francioli.	Vianello.
Giussani.	Vittino.

TROISIÈMES DANSEURS (Tramagnini)

MM. Aglat.	MM. Durand.
Aldebo.	Enciaux.
Bidot.	Echer.
Binder.	Gosset.
Boyer.	Lambert.
Calma.	Laty.
Charles.	Laurent.
Charpentier Adolphe	Lessage.
Charpentier Henry.	Libert.
Damme.	Lippert.

TROISIÈMES DANSEURS (Tramagnini)
(Suite)

Mommens.	Treffinet.
Morini.	Velohf.
Ozouff.	Villebonn.
Rivolta.	Zeegers.

PETITES DANSEUSES (École)

Mlles	Mlles
Anton Elisa.	Gérard.
Anton Marguerite.	Hamme.
Bacha Anna.	Hennense.
Bacha Jeanne.	Jory.
Bertola Césarine.	Knœpper Anna.
Béliard.	Knœpper Joséphine.
Bornet.	Knœpper Zélie.
Boulogne.	Langoiroux Berthe.
Brocard.	Langoiroux Maria.
Camphre.	Leroy.
Camus.	Lombard.
Carpentier.	Lorée Jeanne.
Chapellier Blanche.	Lorée Marie.
Chapellier Emilie.	Mainguet.
Chaussoix.	Martin.
Chuine.	Pitch.
Comolli Giuseppina.	Richard.
Danton.	Sautriaux.
Daunis Héloïse.	Tarlet.
Daunis Lucie.	Tassel.
Daunis Marie.	Veitter.
Daunis Pauline.	Vergesse.

FIGURATION

26 Serviteurs de scène, Accessoiristes.
60 Femmes. 192 Hommes.

Total : 469 personnes

PROGRAMME DES DANSES

DEUXIÈME TABLEAU

1º *La Renommée*, par les 8 premières des sujets (distinte).

2º *La Civilisation*, Adage et Variation, par la 1ʳᵉ danseuse de rang français.

3º *La Renaissance*, grand Balabile, par la 1ʳᵉ danseuse de rang français et tout le corps de ballet.

TROISIÈME TABLEAU

1º *Le Vainqueur des Régates*, Polketta, par la 1ʳᵉ danseuse de rang italien et le 1ᵉʳ danseur.

2º *Sur les rives du Weser*, Mazurka, par 16 sujets et 16 seconds danseurs.

SIXIÈME TABLEAU

Les Facteurs du Télégraphe, Galop, par la 1ʳᵉ danseuse de rang français et le corps de ballet.

HUITIÈME TABLEAU

1º *La Cosmopolitaine*, par la 1ʳᵉ danseuse de rang français et 4 mimes danseurs.

2º *L'Indienne*, Danse de caractère, par la 1ʳᵉ danseuse de rang italien et 16 enfants de l'École.

3º *Abolition de l'Esclavage*, Pas d'ensemble, par la 1ʳᵉ danseuse de rang français, le 1ᵉʳ danseur et trois mimes.

4º *Pas de deux*, par la 1ʳᵉ danseuse de rang français et le 1ᵉʳ danseur.

5º *Hommage à Lesseps*, grand Balabile, par tout le corps de ballet.

ONZIÈME TABLEAU

La Concorde, grand Balabile, par la 1ʳᵉ danseuse de rang français et tout le corps de ballet.

PREMIÈRE PARTIE

PREMIER TABLEAU

L'OBSCURANTISME

Le Théâtre représente une ville en ruine. Nuit funèbre. Silence lugubre interrompu seulement par les sons d'une cloche qui invite à prier pour les condamnés au bûcher.

L'Inquisition est toute puissante. Partout règne la terreur.

Le génie des ténèbres se réjouit; il tient à ses pieds, vaincue, une femme enchaînée. C'est la Lumière.

« Toi, lui dit-il, qui fus autrefois la gloire, le progrès, la civilisation du monde entier, regarde ce qu'a fait mon pouvoir! Que sont devenues les splendeurs des siècles passés? Je règne et désormais je règnerai toujours. Tu ne briseras pas tes chaînes. »

Tout à coup la Lumière se ranime. Une force mystérieuse lui donne une vie nouvelle, son visage s'illumine, ses chaînes tombent aux yeux épouvantés de l'Obscurantisme, et d'une voix prophétique elle lui dit :

« Ton règne est fini et l'avenir est à moi. Tu ne répandras plus la discorde et la haine sur l'humanité. De l'un à l'autre pôle les hommes vont se parler et s'entendre. Les découvertes sublimes, les œuvres gigantesques, les merveilles du monde t'écraseront. »

« Non s'écrie l'Obscurantisme, je ne crois pas à ces futures merveilles et, dussent-elles se réaliser, je serai là pour les combattre et les anéantir. »

« Regarde, dit la Lumière, regarde et prosterne-toi devant le génie humain. »

La scène se transforme, la Lumière et la Civilisation sont réunies sur le globe terrestre, dans le palais du Génie et de la Science.

DEUXIÈME TABLEAU

LA LUMIÈRE

SÉJOUR DU GÉNIE ET DE LA SCIENCE

Dans ce palais, éblouissant de richesses et de splendeurs, sont réunies les gloires de toutes les époques. En caractères d'or sont inscrits les noms de toutes les grandes œuvres modernes. La vapeur, le télégraphe, l'isthme de Suez, le Mont-Cenis.

La Science, la Force, l'Industrie, l'Amour, la Civilisation, la Constance, l'Union, la Concorde, la Valeur, la Gloire, l'Invention, les Beaux-Arts, l'Agriculture, le Commerce, habitent ce séjour enchanté. Une vie nouvelle s'ouvre pour l'humanité.

DEUXIÈME PARTIE

TROISIÈME TABLEAU

LE PREMIER BATEAU A VAPEUR

Un village sur les rives du Weser, près de Brême. A gauche une taverne avec tables et bancs. A droite l'hôtel de la poste.

Le soleil commence à baisser. On entend au loin une chanson de bateliers. Peu à peu les sons se rapprochent. Le tavernier et sa femme écoutent anxieux. Ils reconnaissent la voix de leur fils Valentin qui vient de gagner le prix aux régates. Fanny, sa fiancée, et tous ses amis l'attendent sur le rivage pour le fêter. Il arrive triomphant. Tous, heureux de sa victoire, le félicitent et boivent à sa santé.

Pendant que Valentin est acclamé, pendant que tous célèbrent sa victoire, arrivent les vaincus. Ils ne peuvent accepter leur défaite. Ils se tiennent à l'écart. La joie des vainqueurs les irrite. Valentin s'avance vers eux et les invite courtoisement à la fête. A ses avances ils répondent par un refus.

Une querelle est sur le point d'éclater et la situation menace de tourner au tragique, lorsqu'arrivent des postillons et des paysannes qui font diversion et dansent un pas de caractère.

Après le départ des postillons, le père de Valentin porte un nouveau toast. Tous y répondent, excepté les vaincus, dont le chef, contenant mal sa colère, s'avance vers Valentin et lui porte un nouveau défi.

Valentin accepte.

Tous deux remontent vers le fleuve et voient, assis sur la rive, un homme étrange qui les regarde d'un air sardonique.

« Pourquoi ris-tu ? lui demande Valentin, en s'avançant vers lui. »

« Pourquoi ? répond l'étranger, parce que vous me faites pitié avec vos querelles. Vous vous croyez invincibles et votre force n'est plus rien à côté de la force nouvelle qui s'avance. Voyez ce bateau qui remonte le fleuve, observez bien. C'est l'invention diabolique de Papin. Il vient rapide, poussé par les esprits malfaisants. C'est la ruine pour vous. Anéantissez-le. »

« Aux armes, crie Valentin, attaquons le démon, détruisons-le. »

Tous courent chercher des armes et reviennent avec des piques, des pioches, des haches. L'Obscurantisme excite leur fureur.

Le bateau conduit par Papin avance toujours et au moment où il est près du bord, tous s'élancent pour le prendre d'assaut. Papin cherche en vain à expliquer les bienfaits de sa découverte. En un instant le bateau est mis en pièces et Valentin précipite Papin dans les flots.

L'Obscurantisme triomphe. L'invention de Papin, la vapeur, est perdue à tout jamais. Papin lui-même, qui cherche à gagner le bord, va être mis à mort lorsque la Lumière apparaît, le sauve et lui dit :

« Ils ont détruit ton œuvre, ils ont attenté à tes jours, mais tu seras béni par l'humanité. Vois les merveilles que tu as créées. »

QUATRIÈME TABLEAU

PRODIGES DE L'INVENTION

NEW-YORK

Mer agitée entre deux promontoires formant un golfe
et reliés entre eux par un pont de fer, sur lequel passent
à toute vapeur deux trains qui se croisent, pendant qu'un
bateau à vapeur s'avance dans le golfe.

TROISIÈME PARTIE

CINQUIÈME TABLEAU

DÉCOUVERTE DE L'ÉLECTRICITÉ

LABORATOIRE DE VOLTA A CÔME

Volta pensif, soucieux, est assis devant des instru-
ments de physique. Il travaille, il cherche et ne trouve
pas. Il manque quelque chose à la merveilleuse découverte qui doit changer la face du monde.

« Et pourtant, dit-il, je dois réussir. Je réussirai ! »

Il continue ses recherches, mais sans succès. Il se
désespère. Une pensée nouvelle lui traverse l'esprit, il
fait de nouvelles expériences et l'étincelle électrique
paraît. Il se jette à genoux et remercie Dieu.

L'Obscurantisme s'élance vers la pile, pour la détruire,
et reçoit une forte secousse électrique, qui le fait reculer.
Il reste un moment confondu, paralysé, puis s'élance
de nouveau, mais la Lumière s'interpose et lui montre
les effets de cette prodigieuse découverte. On entend
une sonnerie électrique et la scène change.

SIXIÈME TABLEAU

L'ÉLECTRICITÉ

PLACE DU TÉLÉGRAPHE A WASHINGTON

La Lumière et l'Obscurantisme se trouvent transportés sur la place du Télégraphe à Washington. Une foule de petits porteurs de dépêches sort du *Telegraph office*. La Lumière est triomphante et l'Obscurantisme s'enfuit en blasphémant.

QUATRIÈME PARTIE

SEPTIÈME TABLEAU

LE SIMOUN

LE DÉSERT

L'œil se perd dans un interminable horizon. Quelques monticules de sable, quelques arbustes coupent seuls l'uniformité du désert. Le ciel est sombre et annonce la tempête.

Un caravane s'avance péniblement. Les voyageurs sentent le danger qui approche. C'est le Simoun, le terrible Simoun, qui déjà se fait sentir et soulève des nuages de sable.

Une bande de brigands du désert, profitant de la confusion qui règne dans la caravane, l'attaque, la pille et s'enfuit chargée de butin

Les malheureux voyageurs, perdus dans le désert, cherchent en vain leur route, — luttent contre la tourmente. L'obscurité augmente encore et peu à peu la caravane entière est ensevelie sous le sable.

Pendant cette scène de désolation, un homme, défiant la furie des éléments, semble rayonnant. C'est l'Obscurantisme.

Où es-tu Lumière, dit-il? Chante donc la gloire et l'amour de l'humanité devant ces ténèbres et ce linceul de mort. A quoi servent ta vapeur et ton télégraphe ? Arrête donc le Simoun. Indique donc à tes protégés un autre chemin pour traverser le désert.

Il triomphe, mais la Lumière paraît et lui montre l'horizon.

HUITIÈME TABLEAU

L'ISTHME DE SUEZ

ISMAÏLIA

De cette terrible scène de désolation et de mort il ne reste plus rien. Tout a disparu. A la place du désert, on voit le canal de Suez et un immense panorama.

Toute la civilisation est représentée à Ismaïlia. Grand mouvement. Tout se prépare pour une fête.

De nombreux vaisseaux traversent le canal.

CINQUIÈME PARTIE

NEUVIÈME TABLEAU

LA DERNIÈRE MINE

LE PERCEMENT DU MONT-CENIS

Après la découverte de la vapeur et de l'électricité, après le percement de l'isthme de Suez, un nouveau travail s'accomplit dans les entrailles de la terre.

Le Mont-Cenis attaqué des deux côtés à la fois, va

livrer passage à l'homme. Deux peuples frères vont être réunis. On n'attend plus que le dernier coup de mine.

L'Obscurantisme regarde en frémissant cette œuvre grandiose. La Nature est vaincue par la Science.

La mine est prête. Les ingénieurs et les ouvriers italiens sont anxieux, ils sont combattus par l'espérance et la crainte. L'instant est décisif.

Sur l'ordre des ingénieurs le feu est mis à la mine.

Après l'explosion, tous s'élancent, enlèvent les décombres et écoutent attentivement, mais aucun bruit ne se fait entendre.

Stupeur générale. L'œuvre est tellement avancée, que l'on devrait entendre les coups de pioche des Français.

Le doute envahit l'esprit des ingénieurs. L'angoisse est générale. On a dû dévier. On consulte les plans. Tout est cependant bien exact. Comment une erreur qui perdrait tout, a-t-elle pu se produire ?

Tout à coup on entend quelques coups de pioches de l'autre côté du tunnel. L'espérance renaît, l'anxiété est indescriptible. L'ingénieur écoute attentivement ; les coups de pioche qui devraient s'entendre contre la paroi du fond, viennent au contraire de la droite. Les Français et les Italiens n'ont donc pas travaillé dans la même direction ! On ne se rencontrera pas au point convenu. C'est maintenant certain, il y a erreur. Consternation générale.

Une détonation lointaine se fait entendre. L'ingénieur court au fond du tunnel, il croit percevoir un faible bruit. Il écoute plus attentivement. Le bruit devient plus distinct. Ce sont les Français qui travaillent. Joie immense.

On n'a pas dévié. C'était l'écho qui trompait.

« Nos frères sont là, près de nous. Courage ! s'écrient-ils, la grande œuvre va s'accomplir. »

L'ingénieur ordonne d'attaquer à coups de pioche le fond du tunnel et bientôt la jonction s'opère. Le Mont-Cenis est ouvert. Les ingénieurs et les ouvriers français se précipitent dans les bras des Italiens. L'œuvre a réussi. La Lumière radieuse s'avance au milieu de ces Titans modernes.

DIXIÈME TABLEAU

LE GRAND FRANÇAIS

Le Théâtre représente des renommées soutenant le buste de M. de Lesseps.

L'Obscurantisme se sent vaincu. La lutte lui a été fatale. Il voudrait fuir, mais la Lumière, sa terrible ennemie, l'arrête et lui dit :

« Tu me tenais autrefois en esclavage, c'est toi qui, aujourd'hui, tremble, devant moi. Tout est fini pour toi. Le génie humain a conquis le monde et sa devise est pour toujours : Excelsior.

A travers les nuages qui couvrent la scène. On aperçoit tous les peuples fraternisant. Sur un signe de la Lumière, la terre s'entrouve et engloutit l'Obscurantisme.

SIXIÈME PARTIE

ONZIÈME TABLEAU

CIVILISATION, PROGRÈS, CONCORDE

Les nuages disparaissent, grand fête des nations.

DOUZIÈME TABLEAU

APOTHÉOSE DE LA LUMIÈRE ET DE LA PAIX

FIN

PARIS. — IMPRIMERIE P. MOUILLOT, 13, QUAI VOLTAIRE. — 33802.

EXCELSIOR

BALLET EN

XII TABLEAUX

DE

LUIGI MANZOTTI

EDEN-THÉÂTRE

MUSIQUE

DE

R. MARENCO